250.

Du 31. Décembre 1734.

ORDONNANCE DU ROY,

Pour créer une nouvelle Compagnie d'Ouvriers pour le service de l'Artillerie à l'armée d'Italie.

Du 31. Decembre 1734.

A PARIS,
DE L'IMPRIMERIE ROYALE.

M. DCCXXXV.

Du 31. Decembre 1734.

ORDONNANCE DU ROY,

Pour créer une nouvelle Compagnie d'Ouvriers pour le ſervice de l'Artillerie à l'armée d'Italie.

Du 31. Decembre 1734.

DE PAR LE ROY.

SA MAJESTÉ ayant reſolu de lever une nouvelle compagnie d'ouvriers pour le ſervice de ſon artillerie en Italie, a ordonné & ordonne que cette compagnie d'ouvriers ſera composée, de meſme que les cinq autres eſtant actuellement ſur pied, d'un Capitaine, d'un Lieutenant, d'un ſecond Lieutenant, de trois Maiſtres-ouvriers, trois Sous-maiſtres-ouvriers, vingt-cinq ouvriers, huit apprentiſs, & d'un tambour; leſquels ſeront choiſis parmi tous les ſoldats des regimens de ſon infanterie françoiſe, ſervant actuellement à l'armée d'Italie, dont l'eſtat eſt cy-joint, juſqu'au nombre de quarante hommes: Que leſdits ſoldats ſeront payez par le Capitaine, à ceux desdits regimens qui les auront fournis, à raison de quarante-cinq livres pour chaque homme.

Que cette compagnie sera payée des mesmes appointemens & solde reglez pour les cinq autres compagnies d'ouvriers, conformément à ce qui est porté par l'Ordonnance du premier Octobre de la presente année, à raison de six livres par jour au Capitaine, de quarante sols au premier Lieutenant, trente-cinq sols au second Lieutenant, vingt sols à chacun des trois Maistres-ouvriers, dix-huit sols à chacun des Sous-maistres-ouvriers, quinze sols à chacun des seize premiers ouvriers, douze sols à chacun des neuf autres, & dix sols à chaque apprentif ou tambour; & pareille somme de dix sols pour chacune des quatre payes de gratification que le Roy veut bien accorder au Capitaine, sa compagnie estant de trente-huit hommes & au-dessus, jusqu'à quarante; trois desdites payes, à trente-six & trente-sept; deux à trente-quatre & trente-cinq, & une seulement à trente-trois, sans que le Capitaine puisse pretendre aucune paye de gratification, sa compagnie estant au-dessous dudit nombre de trente-trois, sans les Officiers.

MANDE & ordonne Sa Majesté à Monsr le Duc du Maine Grand-maistre & Capitaine general de l'Artillerie de France, aux Sieurs Marquis de Coigny & Comte de Broglie Mareschaux de France, aux Gouverneurs & ses Lieutenans generaux en ses provinces & armées, aux Directeurs & Inspecteurs generaux de ses troupes & écoles d'artillerie, aux Intendans en sesdites provinces & armées, aux Commissaires de ses guerres, & à tous autres ses Officiers qu'il appartiendra, de tenir la main à l'execution de la presente. FAIT à Versailles le trente-unieme Decembre mil sept cens trente-quatre. *Signé* LOUIS. *Et plus bas*, BAÜYN.

Du 31. Decembre 1734.

5.

ESTAT des bataillons de l'armée d'Italie, dans leſquels il ſera choiſi quarante hommes par l'Officier qui ſera porteur du preſent eſtat, pour ſervir à former la nouvelle Compagnie d'Ouvriers de l'artillerie, en payant par le Capitaine à ceux des compagnies où ils ſeront pris, quarante-cinq livres pour chacun deſdits hommes.

De chacun des trois bataillons du regiment

	hommes.
DE PICARDIE, un homme, cy. . . .	3.
DE CHAMPAGNE, *Id.*	3.
D'AUVERGNE.	2.
DE ROYAL.	3.
DE DAUPHIN.	2.
D'ANJOU.	2.
DE DU MAINE.	2.
DE SOUVRÉ.	2.
DE LA REINE.	2.
D'ORLEANS.	2.
DE ROCHECHOÜART.	1.
DE LA SARRE.	1.
DE ROYAL-ROUSSILLON. . . .	1.

DE CONDÉ.	2. hommes.
DE BOURBON.	2.
DE PUYGUYON, cy-devant St. SIMON.	1.
DE MEDOC.	1.
DE SENNETERRE.	1.
DE FOREST.	1.
DE FOIX.	1.
DE QUERCY.	1.
DE VEXIN.	1.
DE LUXEMBOURG.	1.
DE LA FERTÉ IMBAULT. . . .	2.
TOTAL.	40. hommes.

FAIT à Verſailles le trente-un Decembre mil ſept cens trente-quatre. *Signé* LOUIS. *Et plus bas,* BAÜYN.

Du 31. Xbre 1734.

7

LOUIS AUGUSTE DE BOURBON

Duc du Maine, Prince legitimé de France, par la grace de Dieu, Prince Souverain de Dombes, Comte d'Eu, Duc d'Aumale, Commandeur des Ordres du Roy, Colonel general des Suiſſes & Griſons, Gouverneur & Lieutenant general pour Sa Majeſté dans ſes provinces du haut & bas Languedoc, Grand-maiſtre & Capitaine general de l'artillerie de France.

VÛ par Nous l'Ordonnance du Roy cy-attachée, donnée à Verſailles le 31. Decembre 1734. ſignée Loüis, & plus bas, Baüyn; par laquelle Sa Majeſté a reſolu de lever une nouvelle compagnie d'Ouvriers, pour le ſervice de ſon artillerie en Italie, laquelle ſera compoſée, de meſme que les cinq autres eſtant actuellement ſur pied, d'un Capitaine, d'un Lieutenant, d'un ſecond Lieutenant, de trois Maiſtres-ouvriers, trois Sous-maiſtres-ouvriers, vingt-cinq Ouvriers, huit Apprentifs & d'un Tambour; leſquels ſeront choiſis parmi tous les Soldats des regimens de ſon Infanterie françoiſe ſervant actuellement à l'armée d'Italie, juſqu'au nombre de quarante hommes.

NOUS, en vertu de ladite Ordonnance, & du pouvoir à Nous donné par Sa Majeſté à cauſe de noſtredite charge de Grand-maiſtre & Capitaine general de l'artillerie, Enjoignons à tous Officiers d'artillerie, du regiment Royal-artillerie, & autres qu'il appartiendra, de tenir la main à l'execution de la presente Ordonnance. En temoin de quoy Nous avons fait expedier la presente, signée de nostre main; icelle fait sceller du sceau de nos armes, & contresigner par le Secretaire general de l'artillerie de France. DONNÉ à Versailles, le dixieme jour du mois de Janvier mil sept cens trente-cinq. *Signé* L. A. DE BOURBON. *Et plus bas,* Par son Altesse Serenissime.

Signé LE BOITEULX.

Du 31. 8bre. 1734

PHILISBOURG.

Novembre 1734.

INF

EXT

dix-hu

Nous

guerre.

d'Infa

de sa

Le S
Le S
Le S

Le S.
Le S
Le S.

REGIM
compo

Le S.r
Le S.r
Le S.r

Le S.
Le S.
Le S.

Le S.r
Le S.r
Le S.r

PHILISBOURG.

Novembre 1734.

INFANTERIE FRANÇOISE.

EXTRAIT de la Revûe faite à le dix-huit Novembre mil sept cens trente-quatre, par Nous Conseiller du Roy, Commissaire ordinaire des guerres du département de au Regiment d'Infanterie de pour servir au payement de sa subsistance pendant le present mois.

REGIMENT de
composé d'un Bataillon.

Nota. Si le Regiment a plusieurs Bataillons, en faire ici mention.
Si les Bataillons sont séparés, marquer ceux pour lequel est la revûë.
Et si le Bataillon étoit partagé en différentes Places, mettre en titre le nombre de Compagnies pour lequel est la revûë.

Compagnie de Grenadiers.

Le S.r	Capitaine	present.	
Le S.r	Lieutenant	absent	par congé de la Cour.
Le S.r	Lieutenant en second	present.	
	Sergens, deux, cy	2.	
	Tambour, un, cy	1.	
	Grenadiers, quarante-deux, cy	42.	dont trois aux Hôpitaux, un à celuy du lieu, & deux à Landau.
	TOTAL, quarante-cinq, cy	45.	

Compagnie Colonelle.

M.r	Capitaine	absent	par congé de la Cour.
Le S.r	Lieutenant	present.	
Le S.r	Enseigne	absent.	
	Sergens, deux, cy	2.	
	Tambour, un, cy	1.	
	Fusiliers, trente-trois, cy	33.	dont un à l'Hôpital du lieu.
	TOTAL, trente-six, cy	36.	

Compagnie Lieutenante-Colonelle.

Le S.r	Capitaine	present.
Le S.r	Lieutenant	present.
Le S.r	Enseigne	vacante.
	Sergens, deux, cy	2.
	Tambour, un, cy	1.
	Fusiliers, trente, cy	30.
	TOTAL, trente-trois, cy	33.

Du 31. Xbre 1776

Compagnie de

Le S.r Capitaine . . . . abſent par ſemeſtre.
Le S.r Lieutenant . . . . preſent.
Le S.r Lieutenant en ſecond. . . . . preſent.

Sergens, deux, cy. . . . . 2.
Tambour, un, cy. . . . . 1.
Fuſiliers, trente-ſept, cy. . . . . 37. dont deux à l'Hôpital du lieu

TOTAL, quarante, cy. . . . . 40. Et ſept de recrûë à payer ſçavoir, deux du 8, trois du 10, & deux du 14. du preſent mois.

Compagnie de

Le S.r Capitaine . . . . preſent.
Le S.r Lieutenant. . . . . abſent { *Nota.* Donner les raiſons de ſon abſence.
Le S.r Lieutenant en ſecond. . . . . preſent.

Sergens, deux, cy . . . . 2.
Tambour, un, cy. . . . . 1.
Fuſiliers, trente-quatre, cy . . . . 34. dont quatre de recrûë à payer du 10. du preſent mois.

TOTAL, trente-ſept, cy. . . . . 37.

Compagnie de

Le S.r Capitaine . . . . preſent.
Le S.r Lieutenant . . . . abſent par ſemeſtre.
Le S.r Lieutenant en ſecond. . . . . vacante.

Sergens, deux, cy. . . . . 2.
Tambour, un, cy. . . . . 1.
Fuſiliers, trente-un, cy . . . . 31. dont un à l'Hôpital du lieu.

TOTAL, trente-quatre, cy. . . . . . . 34.

Compagnie de

Le S.r Capitaine . . . . preſent.
Le S.r Lieutenant . . . . preſent.
Le S.r Lieutenant en ſecond . . . . . preſent.

Sergens, deux, cy . . . . 2.
Tambour, un, cy . . . . 1.
Fuſiliers, trente, cy. . . . . 30.

TOTAL, trente-trois, cy. . . . . 33.

Compagnie de

Le S.r Capitaine. . . . . abſent par ſemeſtre.
Le S.r Lieutenant . . . . preſent.
Le S.r Lieutenant en ſecond . . . . . preſent.

Sergens, deux, cy. . . . . 2.
Tambour, un, cy . . . . 1.
Fuſiliers, trente-ſept, cy. . . . . 37. dont quatre de recrûë à payer du 5. du preſent mois.

TOTAL, quarante, cy. . . . . 40.

Compagnie de

.r Capitaine . . . . absent par semestre.
.r Lieutenant . . . . present.
.r Lieutenant en second. . . . . present.

Sergens, deux, cy. . . . . 2.
Tambour, un, cy. . . . . 1.
Fusiliers, trente-sept, cy. . . . . 37. dont deux à l'Hôpital du lieu.

Total, quarante, cy . . . . 40. Et sept de recrûë à payer; sçavoir, deux du 8, trois du 10, & deux du 14. du present mois.

Compagnie de

.r Capitaine . . . . present.
r Lieutenant. . . . . absent { *Nota.* Donner les raisons de son absence.
r Lieutenant en second. . . . . present.

Sergens, deux, cy . . . . 2.
Tambour, un, cy. . . . . 1.
Fusiliers, trente-quatre, cy . . . . 34. dont quatre de recrûë à payer du 10. du present mois.

Total, trente-sept, cy . . . . 37.

Compagnie de

r Capitaine . . . . present.
r Lieutenant . . . . absent par semestre.
r Lieutenant en second. . . . . vacante.

Sergens, deux, cy. . . . . 2.
Tambour, un, cy. . . . . 1.
Fusiliers, trente-un, cy . . . . 31. dont un à l'Hôpital du lieu.

Total, trente-quatre, cy. . . . . 34.

Compagnie de

Capitaine . . . . present.
Lieutenant . . . . present.
Lieutenant en second . . . . . present.

Sergens, deux, cy . . . . 2.
Tambour, un, cy . . . . 1.
Fusiliers, trente, cy. . . . . 30.

Total, trente-trois, cy. . . . . 33.

Du 31. X.bre 1734.

Le S.r

Le S.r

Le S.r

Sergen

Tambo

Fusilier

Le S.r

Le S.r

Le S.r

S

T

F

Le S.r

Le S.r

Le S.r

Serger

Tamb

Fusilie

Le S.r

Le S.r

Se

T

Fu

Le S.r

Le S.r

Le S.r

Le S.r

Se

Ta

Fu

Le S.r

Le S.r

Le S.r

Ser

Ta

Fu

Compagnie de

Le S.r Capitaine . . . . present.
Le S.r Lieutenant . . . . present.
Le S.r Lieutenant en second . . . . . present.

Sergens, deux, cy . . . . 2.
Tambour, un, cy . . . . 1.
Fusiliers, vingt-neuf, cy. . . . . 29. dont un à l'Hôpital du lieu.

TOTAL, trente-deux, cy. . . . . 32.

Compagnie de

Le S.r Capitaine . . . . present.
Le S.r Lieutenant . . . . absent par semestre.
Le S.r Lieutenant en second . . . . . present.

Sergens, deux, cy . . . . 2.
Tambour, un, cy. . . . . 1.
Fusiliers, vingt huit, cy . . . . 28.

TOTAL, trente-un, cy. . . . . 31.

Compagnie de

Le S.r Capitaine . . . . present.
Le S.r Lieutenant . . . . absent par semestre.
Le S.r Lieutenant en second . . . . . present.

Sergens, deux, cy . . . . 2.
Tambour, un, cy . . . . 1.
Fusiliers, vingt-quatre, cy . . . . 24.

TOTAL, vingt-sept, cy . . . . 27.

Compagnie de

Le S.r Capitaine . . . . present.
Le S.r Lieutenant . . . . present.
Le S.r Lieutenant en second . . . . present.

Sergens, deux, cy . . . . 2.
Tambour, un, cy. . . . . 1.
Fusiliers, vingt-sept, cy. . . . . 27. dont un à l'Hôpital du lieu.

TOTAL, trente, cy. . . . . 30.

Compagnie de

Le S.r Capitaine . . . . present.
Le S.r Lieutenant . . . . present.
Le S.r Lieutenant en second. . . . . vacante.

Sergens, deux, cy . . . . 2.
Tambour, un, cy . . . . 1.
Fusiliers, vingt-neuf, cy. . . . . 29.

TOTAL, trente-deux, cy . . . . 32.

Du 31. Xbre. 1734.

Compagnie de

Le S.r	Capitaine	present.
Le S.r	Lieutenant	absent { *Nota.* Donner la raison de absence.
Le S.r	Lieutenant en second	present.

Sergens, deux, cy . . . . 2.
Tambour, un, cy . . . . 1.
Fusiliers, vingt-quatre, cy . . . . 24.

TOTAL, vingt-sept, cy . . . . 27.

Compagnie de *vacante.*

Le S.r	Lieutenant	present.
Le S.r	Lieutenant en second	present.

Sergens, deux, cy . . . . 2.
Tambour, un, cy . . . . 1.
Fusiliers, trente-sept, cy . . . . 37. dont cinq de recruë, tro[is]
TOTAL, quarante, cy. . . . . 40. à payer du 5. & deux d[u]
8. du present mois.

Compagnie de

Le S.r	Capitaine	absent par semestre.
Le S.r	Lieutenant	present.
Le S.r	Lieutenant en second.	present.

Sergens, deux, cy . . . . 2.
Tambour, un, cy . . . . 1.
Fusiliers, trente-quatre, cy . . . . 34. dont deux à l'Hôpital d[u]
TOTAL, trente-sept, cy . . . . 37. lieu.

Compagnie de

Le S.r	Capitaine	present.
Le S.r	Lieutenant	vacante.
Le S.r	Lieutenant en second	present.

Sergens, deux, cy . . . . 2.
Tambour, un, cy . . . . 1.
Fusiliers, vingt-huit, cy . . . . 28.

TOTAL, trente-un, cy . . . . 31.

ESTAT-MAJOR.

M.r	Colonel	absent.
Le S.r	Lieutenant-Colonel	present.
Le S.r	Major	present.
Le S.r	Ayde-Major	present.
Le S.r	Mareschal des Logis	present.
Le S.r	Aumosnier	present.
Le S.r	Chirurgien	present.

Compagnie de

Capitaine . . . . present.
Lieutenant . . . . absent { *Nota.* Donner la raison de sa absence.
Lieutenant en second . . . . . present.

ergens, deux, cy . . . . 2.
ambour, un, cy . . . . 1.
usiliers, vingt-quatre, cy . . . . 24.

TOTAL, vingt-sept, cy . . . . 27.

Compagnie de vacante.

Lieutenant . . . . present.
Lieutenant en second . . . . . present.

ergens, deux, cy . . . . 2.
ambour, un, cy . . . . 1.
usiliers, trente-sept, cy . . . . 37. dont cinq de recruë, trois à payer du 5. & deux du 8. du present mois.

TOTAL, quarante, cy. . . . . 40.

Compagnie de

Capitaine . . . . absent par semestre.
Lieutenant . . . . present.
Lieutenant en second. . . . . present.

rgens, deux, cy . . . . 2.
mbour, un, cy . . . . 1.
siliers, trente-quatre, cy . . . . 34. dont deux à l'Hôpital du lieu.

TOTAL, trente-sept, cy . . . . 37.

Compagnie de

Capitaine . . . . present.
Lieutenant . . . . vacante.
Lieutenant en second . . . . . present.

gens, deux, cy . . . . 2.
mbour, un, cy . . . . 1.
iliers, vingt-huit, cy . . . . 28.

TOTAL, trente-un, cy . . . . 31.

ESTAT-MAJOR.

Du 31. Xbre 1751.

Le S.r
Le S.r
Le S.r
Le S.r

R

Capitaines
Capitaines
Compagn

Lieutenan
Lieutenan
Lieutenan

Enseignes
Enseignes
Places va

Italien
de Dr

Lo
quatre
qui con
pour le
Hôpita

Lors
semestre
ment a
Officier
les deux

Et i
le temps
écrite à

Officiers Reformez.

Le S.^r	Capitaine.	present.
Le S.^r	Capitaine	absent.
Le S.^r	Lieutenant.	present.
Le S.^r	Lieutenant.	absent.

RECAPITULATION.

Capitaines presens	12.	. . . 17. Officiers.
Capitaines absens	4.	
Compagnies vacantes	1.	
	17.	
Lieutenans presens	10.	. . . 17.
Lieutenans absens	6.	
Lieutenances vacantes	1.	
	17.	
Enseignes & Lieutenans en second presens	13.	. . . 17.
Enseignes & Lieutenans en second absens.	1.	
Places vacantes.	3.	
	17.	

Officiers Reformez.

Capitaines presens.	1.	. . . 4.
Capitaines absens.	1.	
Lieutenans presens.	1.	
Lieutenans absens	1.	
	4.	
		55.
Sergens, Tambours & Fusiliers, cinq cens quatre-vingt-cinq, dont onze aux Hôpitaux, cy	585.	dont 11. aux Hôpitaux.

FAIT & arresté, &c.

OBSERVATIONS.

LES Commissaires des guerres auront attention à se servir de papier conforme à la grandeur & largeur à celuy-cy, & de suivre exactement les dispositions portées par le present modelle, & le cy joint, pour ce qui concerne les Regimens tant Suisses, Allemands,

Du 31. Xbre. 1736. –

Italien, Irlandois, que pour les Bataillons de milice, & les Regimen[s] de Dragons.

Lorſque les revûës ſeront pour un Regiment de deux, trois & quatre Bataillons, la recapitulation portera le nombre des Officiers qui compoſeront leſdits Bataillons dans la forme indiquée, ainſi que pour le nombre d'hommes, ſans obmettre d'y comprendre ceux aux Hôpitaux.

Lorſqu'il ſe trouvera des Officiers dans le cas d'abſence ſans ſemeſtre ni congé, dont l'uſage a eſté juſqu'icy de les employer ſimplement abſens, les Commiſſaires en donneront les raiſons, aucuns Officiers ne devant s'exempter d'eſtre preſens aux revûës, que dans les deux cas cy-deſſus.

Et ils auront toute l'attention poſſible à l'envoy des revûës dans le temps qui leur a eſté preſcrit par la derniere Lettre qui leur a eſté écrite à ce ſujet.

, *Irlandois, que pour les Bataillons de milice, & les Regimen*
agons.

rsque les revûës seront pour un Regiment de deux, trois &
Bataillons, la recapitulation portera le nombre des Officie
nposeront lesdits Bataillons dans la forme indiquée, ainsi qu
nombre d'hommes, sans obmettre d'y comprendre ceux au
aux.

squ'il se trouvera des Officiers dans le cas d'absence san
ni congé, dont l'usage a esté jusqu'icy de les employer simpl
bsens, les Commissaires en donneront les raisons, aucun
s ne devant s'exempter d'estre presens aux revûës, que dan
c cas cy-dessus.

's auront toute l'attention possible à l'envoy des revûës dan
qui leur a esté prescrit par la derniere Lettre qui leur a est
ce sujet.

Du 31. Xbre. 1734.

ANDAU.

Novembre 1734.

EXT

le ving

Nous

guerre.

de Ca

pour

presen

REGI

compo

Le S

Le S.

Le S.

Le S.

Le S.r

Le S.r

Le S.r

M.r

Le S.r

Le S.r

Le S.r

Le S.r

Le S.r

Le S.r

Le S.r

Le S.r

.ANDAU.

lovembre 1734.

CAVALERIE.

EXTRAIT de la Revûë faite à le vingtiéme Novembre mil ſept cens trente-quatre, par Nous Conſeiller du Roy, Commiſſaire ordinaire des guerres du département de au Regiment de Cavalerie de compoſé de trois Eſcadrons, pour ſervir au payement de ſa ſubſiſtance pendant le preſent mois.

REGIMENT de
compoſé de trois Eſcadrons.

Compagnie Meſtre de Camp.

M.[r]	Capitaine	abſent par congé de la Cour.
Le S.[r]	Lieutenant	preſent.
Le S.[r]	Cornette	preſent.
Le S.[r]	Mareſchal des Logis	preſent.

Brigadiers, deux, cy	2.	
Timbalier, un, cy	1.	
Trompette, un, cy	1.	
Cavaliers, trente-deux, cy	32.	dont trois de recrûë à payer du 10. du preſent mois.
TOTAL, trente-ſix, cy	36.	

Chevaux, trente-trois, cy . . . . . 33.

Compagnie Lieutenante-Colonelle.

M.[r]	Capitaine	preſent.
Le S.[r]	Lieutenant	abſent { *Nota.* Donner la raiſon de ſon abſence.
Le S.[r]	Cornette	preſent.
Le S.[r]	Mareſchal des Logis	preſent.

Brigadiers, deux, cy	2.
Trompette, un, cy	1.
Cavaliers, trente-ſix, cy	36.
TOTAL, trente-neuf, cy	39.

Chevaux, trente-cinq, cy . . . . . 35.

Du 31. Xbre 1724.

Compagnie de

Le S.r Capitaine . . . . absent par semestre.
Le S.r Lieutenant . . . . absent par congé de la Cour.
Le S.r Cornette . . . . present.
Le S.r Mareschal des Logis. . . . . present.

Brigadiers, deux, cy . . . . 2.
Trompette, un, cy . . . . 1.
Cavaliers, trente, cy . . . . 30. dont trois aux Hôpitaux, deux à l'Hôpital du lieu, & un à celuy de . . .

TOTAL, trente-trois, cy. . . . . . . 33.

Chevaux, vingt-huit, cy. . . . . . 28.

Compagnie de vacante.

Le S.r Lieutenant . . . . present.
Le S.r Cornette . . . . present.
Le S.r Mareschal des Logis. . . . . present.

Brigadiers, deux, cy. . . . . 2.
Trompette, un, cy. . . . . 1.
Cavaliers, trente-un, cy . . . . 31. dont un à l'Hôpital du lieu

TOTAL, trente-quatre, cy. . . . . . . 34.

Chevaux, trente, cy . . . . 30.

Compagnie de

Le S.r Capitaine . . . . present.
Le S.r Lieutenant . . . . present.
Le S.r Cornette . . . . present.
Le S.r Mareschal des Logis. . . . . present.

Brigadiers, deux, cy . . . . 2.
Trompette, un, cy . . . . 1.
Cavaliers, trente-sept, cy . . . . 37. dont six de recrûë, trois payer du 9. & trois du 1[illegible] du present mois.

TOTAL, quarante, cy . . . . 40.

Chevaux, trente-deux, cy. . . . . 32.

Compagnie de

Le S.r Capitaine. . . . . absent. { *Nota.* Donner la raison de son absence.
Le S.r Lieutenant. . . . . present.
Le S.r Cornette. . . . . present.
Le S.r Mareschal des Logis. . . . . present.

Brigadiers, deux, cy. . . . . 2.
Trompette, un, cy. . . . . 1.
Cavaliers, vingt-deux, cy. . . . . 22.

TOTAL, vingt-cinq, cy. . . . . 25.

Chevaux, vingt-quatre, cy. . . . . 24.

Compagnie de

Capitaine . . . . absent par semestre.
Lieutenant . . . . absent par congé de la Cour.
Cornette . . . . present.
Mareschal des Logis. . . . . . present.

Brigadiers, deux, cy . . . . 2.
Trompette, un, cy . . . . 1.
Cavaliers, trente, cy . . . . 30. dont trois aux Hôpitaux, deux à l'Hôpital du lieu, & un à celuy de . . .

TOTAL, trente-trois, cy. . . . . 33.

Chevaux, vingt-huit, cy. . . . . . 28.

Compagnie de *vacante.*

Lieutenant . . . . present.
Cornette . . . . present.
Mareschal des Logis . . . . . . present.

Brigadiers, deux, cy. . . . . 2.
Trompette, un, cy. . . . . 1.
Cavaliers, trente-un, cy . . . . 31. dont un à l'Hôpital du lieu

TOTAL, trente-quatre, cy. . . . . . . 34.

Chevaux, trente, cy . . . . 30.

Compagnie de

Capitaine . . . . present.
Lieutenant . . . . present.
Cornette . . . . present.
Mareschal des Logis . . . . . . present.

Brigadiers, deux, cy . . . . 2.
Trompette, un, cy . . . . 1.
Cavaliers, trente-sept, cy . . . . 37. dont six de recrûë, trois payer du 9. & trois du du present mois.

TOTAL, quarante, cy . . . . 40.

Chevaux, trente-deux, cy . . . . . 32.

Compagnie de

Capitaine. . . . . absent. { *Nota.* Donner la raison de son absence.
Lieutenant. . . . . present.
Cornette. . . . . present.
Mareschal des Logis. . . . . . present.

Du 31. Xbre. 1724.

C

Le S
Le S
Le S
Le S

Le S.r
Le S.r
Le S.r
Le S.r

Brig
Tro
Cav

Le S.r
Le S.r
Le S.r
Le S.r

Le S.r
Le S.r
Le S.r
Le S.r

Bri
Tr
Ca

abſent.
preſent.
abſent.
preſent.

M.r
Le S.r
Le S.r
Le S.r
Le S.r
Le S.r

Compagnie de

Le S.r Capitaine. . . . . absent par semestre.
Le S.r Lieutenant . . . . present.
Le S.r Cornette. . . . . absent. { *Nota.* Donner la raison de son absence.
Le S.r Mareschal des Logis . . . . . . present.

Brigadiers, deux, cy . . . . 2.
Trompette, un, cy. . . . . 1.
Cavaliers, trente-six, cy . . . . 36. dont six de recrüe à payer du 11. du present mois.

Total, trente-neuf, cy . . . . 39.

Chevaux, trente-trois, cy. . . . . . 33.

Compagnie de

Le S.r Capitaine . . . . present.
Le S.r Lieutenant. . . . . vacante
Le S.r Cornette. . . . . present.
Le S.r Mareschal des Logis . . . . . . present.

Brigadiers, deux, cy. . . . . 2.
Trompette, un, cy. . . . . 1.
Cavaliers, trente-deux, cy. . . . . 32.

Total, trente-cinq, cy . . . . 35.

Chevaux, trente-quatre, cy . . . . 34.

Compagnie de

Le S.r Capitaine. . . . . absent par semestre.
Le S.r Lieutenant. . . . . vacante par mort.
Le S.r Cornette. . . . . present.
Le S.r Mareschal des Logis. . . . . . present.

Brigadiers, deux, cy. . . . . 2.
Trompette, un, cy. . . . . 1.
Cavaliers, trente-sept, cy. . . . . 37. dont un à l'Hôpital du lieu, & cinq à payer, trois du 8. du present mois, & deux du 11.

Total, quarante, cy. . . . . 40.

Chevaux, trente-quatre, cy. . . . 34.

Compagnie de

Le S.r Capitaine. . . . . present.
Le S.r Lieutenant. . . . . absent par congé de la Cour.
Le S.r Cornette. . . . . present.
Le S.r Mareschal des Logis. . . . . . present.

Brigadiers, deux, cy. . . . . 2.
Trompette, un, cy. . . . . 1.
Cavaliers, trente, cy. . . . . 30.

Total, trente-trois, cy. . . . . 33.

Chevaux, trente-deux, cy. . . . . 32.

Du 31. Xbre. 1734. –

Compagnie de

Le S.r Capitaine. . . . . absſent par congé de la Cour.
Le S.r Lieutenant. . . . . preſent.
Le S.r Cornette. . . . . preſent.
Le S.r Mareſchal des Logis. . . . . preſent.

Brigadiers, deux, cy. . . . . 2.
Trompette, un, cy. . . . . 1.
Cavaliers, trente-deux, cy. . . . . 32.

TOTAL, trente-cinq, cy. . . . . 35.

Chevaux, trente-un, cy. . . . . . 31.

Compagnie de

Le S.r Capitaine. . . . . preſent.
Le S.r Lieutenant. . . . . preſent.
Le S.r Cornette. . . . . vacante
Le S.r Mareſchal des Logis. . . . . preſent.

Brigadiers, deux, cy. . . . . 2.
Trompette, un, cy. . . . . 1.
Cavaliers, trente-ſix, cy. . . . . 36. dont un à l'Hôpital du lie[u]
& quatre à payer du 7.[illegible]
preſent mois.

TOTAL, trente-neuf, cy. . . . . 39.

Chevaux, trente-quatre, cy. . . . 34.

ESTAT-MAJOR.

M.r Meſtre-de-Camp. . . . . . . abſent par congé de la Cour.
Le S.r Lieutenant-Colonel. . . . . preſent.
Le S.r Major. . . . . preſent.
Le S.r Ayde-Major. . . . . preſent.
Le S.r Aumônier. . . . . preſent.
Le S.r Chirurgien. . . . . preſent.

Officiers Reformez.

Le S.r Capitaine. . . . . preſent.
Le S.r Capitaine . . . . abſent.
Le S.r Lieutenant. . . . . preſent.
Le S.r Lieutenant. . . . . abſent.

ompagnie de

Capitaine. . . . . absent par congé de la Cour.
Lieutenant. . . . . present.
Cornette. . . . . present.
Mareschal des Logis. . . . . . present.

gadiers, deux, cy. . . . . 2.
mpette, un, cy. . . . . 1.
aliers, trente-deux, cy. . . . . 32.

TOTAL, trente-cinq, cy. . . . . 35.

Chevaux, trente-un, cy. . . . . . . 31.

Compagnie de

Capitaine. . . . . present.
Lieutenant. . . . . present.
Cornette. . . . . vacante
Mareschal des Logis. . . . . . present.

gadiers, deux, cy. . . . . 2.
mpette, un, cy. . . . . 1.
valiers, trente-six, cy. . . . . 36. dont un à l'Hôpital du lieu & quatre à payer du 7. d[e] present mois.

TOTAL, trente-neuf, cy. . . . . 39.

Chevaux, trente-quatre, cy. . . . 34.

ESTAT-MAJOR.

Mestre-de-Camp. . . . . . . absent par congé de la Cour.
Lieutenant-Colonel. . . . . . present.
Major. . . . . present.
Ayde-Major. . . . . present.
Aumônier. . . . . present.
Chirurgien. . . . . present.

Du 31. Xbre. 1704.

Ca
Ca,
Co

Li
Li
Pl

C
C

I

RECAPITULATION.

Capitaines en pied presens	5.		
Capitaines absens	6.	... 12.	Officiers.
Compagnies vacantes	1.		
	12.		
Lieutenans en pied presens	7.		
Lieutenans absens	3.	... 12.	
Places vacantes	2.		
	12.		
Cornettes presens	10.		
Cornettes absens	1.	... 12.	
Cornettes vacans	1.		
	12.		
Marefchaux des Logis		... 12.	

Officiers Reformez.

Capitaines presens	1.	
Capitaines absens	1.	... 4.
Lieutenans presens	1.	
Lieutenans absens	1.	
	4.	52.

Brigadiers, Timbalier, Trompettes & Cavaliers, quatre cens vingt-huit, dont six aux Hôpitaux, cy . . . . 428. dont six aux Hôpitaux.

Et chevaux trois cens quatre-vingt, cy. . . . . 380. Chevaux.

FAIT & arresté, &c.

Du 31. Xbre. 1734.

www.ingramcontent.com/pod-product-compliance
Ingram Content Group UK Ltd.
Pitfield, Milton Keynes, MK11 3LW, UK
UKHW020523180726
13839UKWH00005B/2267